易中天中华经典故事 05

禅宗故事

上海文艺出版社　　　　　易中天 著　　慕容引刀 绘

这个和尚乱出牌

那天晚上，月亮很好。

一个学禅的便问：月亮没圆的时候怎么样？

大和尚说：吃了三个四个。

学禅的问：圆了以后呢？

大和尚说：吐出七个八个。

学禅的问：没有月亮时，佛在哪里？

大和尚说：岂有此理，恭喜恭喜！

这个故事，记载在《五灯会元》卷五。

其实，这样的故事在禅宗书里很多，都是答非所问。因为禅宗跟庄子一样，都认为最高智慧绝不能说。只要说了出来，就是糟粕，就是垃圾。

问题是，不说又怎么知道？

也只好讲故事，或者打哑谜。

再就是貌似脑筋急转弯。

比如据《五灯会元》卷七记载，有个学禅的人说自己从神光禅师那里来。大和尚便问：白天的叫日光，晚上的叫火光，什么东西叫作神光？

学禅的答不上来。

大和尚说：就是日光火光呀！

还有写诗的，比如《五灯会元》卷六——

学禅的问：你这庙里什么境界？

大和尚答：千峰连岳秀，万壑不知春。

学禅的问：境界中人又怎么样？

大和尚答：孤岩倚石坐，不下白云心。

学禅的问：学生听不懂，请老师明示。

答：参差松竹烟笼薄，重叠峰峦月上迟。

哈哈，还是不肯明说。

但，你不觉得这样的故事和诗很好玩吗？

好玩？想听？

恭喜恭喜，岂有此理！

主要人物

小天
读经典的

刀刀
听故事的

菩提达摩
禅宗初祖

惠能
禅宗六祖

目 录

祖师的故事

/ 觉悟是每个人自己的事

门前一棵菩提树，
心中一座明镜台。
诸天天女散花来。

落地菩提本无树，
虚空明镜不是台。
那个和尚乱出牌。

哪来的花

佛祖拿起了花。

没人知道那是一朵什么花，也不知道花是从哪里来的。但，根据佛教的传闻，释迦牟尼佛祖登坛说法时，会有诸神散花如雨。那些花儿从高空纷纷扬扬飘落下来，应该是千姿百态的吧?

这倒是有诗为证。

不过，佛家不叫诗，叫**偈**。

偈读如记，原本是佛经中颂歌的唱词，后来则成为佛门弟子或带发修行的居士，表达理念或发表感言的文体，它在本书中会不断出现。

诸天散花的偈是：

六欲诸天来供养，天花乱坠遍虚空。

——《心地观经·序品偈》

想来那时真是壮观。虚空之中布满鲜花，有的像润物无声的春雨，有的像骤然而至的急雨，或者匆匆落下，或者扑面而来，或者飘浮不定。

这样的雨，就叫花雨。

留下的成语，则叫天花乱坠。

佛祖拿起来的，是其中的一朵吧？

也许。

但，拿起来是要给大家看。

这个动作，就叫**拈花示众**。

可惜，在场的众多弟子信徒，没有谁明白这是什么意思，只有一个人破颜微笑。

天花乱坠

他叫摩诃迦叶。

诃读如喝，迦读如加，叶读如社。摩诃的意思是大，迦叶的意思是光明。据说，他是十大佛弟子之一，也是佛弟子中最没有执著之念的。

所以，只有他笑了。

于是佛祖说：

> 吾有正法眼藏，涅槃妙心，实相无相，微妙法门，不立文字，教外别传，付嘱摩诃迦叶。
>
> ——《五灯会元》卷一

涅槃是佛家修行所要达到的最高理想，实相则是世界的真实状况和真实性质，也叫真如。在佛家看来，世人看见的都是假相，真相是无。所以实相也叫无相。正法眼藏又叫清净法眼，一般泛指佛教的正法，就像修成正果的门路叫法门。

原来都是假相……

不过涅槃妙心和微妙法门，却似乎是另外一条特殊途径。我们知道，释迦牟尼没有著作，他创立佛教宣扬佛法的办法是演说。实际上佛经就像《论语》，是弟子们记录整理的，开头往往是"如是我闻"，意思是"我是这样听佛祖说的"。

　　这一次，佛祖却拈花示众了。

　　意思也很清楚：传法不一定要说话。

　　不说话怎么传呢？

　　以心印心。

　　印，就是印证，也就是承认和许可，就像在文件上签字盖章。古人把图章叫作印，也叫印信或者印章。用印信来证明，就叫印证。印证跟验证是不同的。验证必须检验，印证却有印就行。

　　摩诃迦叶会心一笑，就是领悟。

领悟被佛祖肯定，就是得到了印证。只不过，这印信是心。由此留下了一个成语：

心心相印。

这个成语确实来自佛教，原文是：

迦叶以来，以心印心，心心不异。
——《黄檗山断际禅师传心法要》

不过这事还没有完，因为佛祖接着又说：从今往后，我对最高智慧和世界真相的把握，将在传统方法之外，通过另外一条特殊途径传递。传递的方式是什么话都不说，只靠相互之间心心相印。这个微妙法门，现在交给摩诃迦叶。

新的门派、流派或宗派，就这样诞生。

这就是禅宗。

它的宗旨是：

不立文字，见性成佛。

见性成佛是什么意思，以后再说。

不立文字　見性成佛

现在只要记住不立文字就行。

当然，作为门派或宗派，禅宗还得有一个组织系统。按照他们自己的说法，初祖摩诃迦叶，二祖则是阿难陀。阿难陀简称阿难，意思是欢喜，同样名列十大佛弟子，只不过比摩诃迦叶年轻。

《西游记》第九十八回有他们俩的故事。

只不过，阿难改叫阿傩（读如挪）。他带唐僧进入藏经楼，便索要红包。唐僧拿不出钱，两人就

给了一堆没字的白纸。直到后来，玄奘将唐太宗送的紫金钵盂交出，才换了有字的经书。

这当然是小说，靠不住的。实际上摩诃迦叶号称头陀第一，为人廉洁，修行也很苦，哪里会索要好处？记忆力超强，号称多闻第一的阿难陀，面如满月，眼似莲花，却并无绯闻，也不会贪财。

其实吴承恩这么写，是有深意的。因为摩诃迦叶和阿难陀被说成是禅宗的祖师爷。禅宗主张不立文字，他们拿出的经书当然是白纸。所以，后来孙悟空一状告到佛祖那里，佛祖才会笑着说：白本者乃无字真经，倒也是好的。

照这意思，他倒是想传禅宗。

问题是，摩诃迦叶和阿难陀，当真会主张不立文字吗？不像。就连南宋普济禅师所编、记载禅宗故事的《五灯会元》也说，佛教徒第一次集合起来编撰佛经的召集人，就是摩诃迦叶。应摩诃迦叶的邀请，最先在集会上诵出"如是我闻"云云，并且得到在场弟子和信徒认可的，则是阿难陀。

这怎么是不立文字？

事实上，拈花示众那个好听的故事，根本就是编出来的。禅宗也是中国化的佛教，与释迦牟尼和印度佛教其实无关。佛教中当然有禅，它的梵文叫Dhyana，音译禅那，本义是静虑，也就是安安静静地坐在那里思考，所以也叫禅定或坐禅。

其实定（Samadhi）的意思是专注，与禅合为一体才叫禅定。这种修持的方法跟鲜花和微笑八竿子打不着，更没有什么"教外别传"的意思。

这可真是哪来的花呀！

但，故事却还得编下去。

接下来，便轮到菩提达摩出场。

跟他讲不清

据说，菩提达摩是在广州登陆的。

按照《五灯会元》等书的说法，又译菩提达磨的菩提达摩是摩诃迦叶的二十八代传人。正是他把禅宗带入中国，所以被尊为中国禅宗的初祖。

这当然未必靠谱。

不过这位外来和尚倒是确有其人，到达中国的时间是南梁普通七年（公元526年）九月。而且登陆一年以后，便被请到了今天的南京。南京当时叫金陵，是南梁的首都。皇帝，是梁武帝。

梁武帝是当时最大的佛教赞助商。就在菩提达摩到达中国的半年后，他第一次舍身同泰寺，也就是宣布不当皇帝要做和尚，舍去凡身供奉佛祖。

喂，佛祖啊，给你捐了一个亿，能封我做个菩萨不？

朝廷只好花了一个亿把他赎回来。

这其实是胡闹，用的钱也不是他的私房，而是民脂民膏，武帝却认为功德无量。因此，半年以后见到菩提达摩，态度便不像梁惠王对待孟子。

梁惠王问的是：老伯！不远千里而来，总该对寡人的国家有点什么好处吧？结果被孟子硬邦邦地顶回去：王！何必言利，讲讲仁义就好。

武帝当然不会这么问。尽管国号都叫梁，武帝的自我感觉却比惠王好。就连菩提达摩来华，在他看来没准也是自己的精神感召所致。因此，他志得意满气壮如牛，开口便说：圣僧，·朕即位以来，建寺庙，抄经书，度僧人无数，请问有何功德？

这话可笑。学佛原本是为了求解脱，要什么福报呢？如果捐了钱就要得好处，跟做生意又有什么两样？脑子进水如此，应该敲他一棍。

于是菩提达摩说：并无功德。

梁武帝大吃一惊，问：为什么？

菩提达摩只好告诉他，实相无相。你做的这些不过小恩小惠，都是影子，不是真身。

梁武帝却死不开窍。

梁武帝继续问：

如何是真功德？

这个世上求不来。

如何是**圣谛**第一义？

空寂孤独没有圣。

回答朕问题的是什么人？

我不认识。

你不认识你？什么意思？

自己去想！

前页所说的谛，就是真理，圣谛则是神圣的真理。佛教主张的神圣真理有四个，叫**四圣谛**。

其实意思很清楚：人们看到的都是假相，不是实相。实相无相，当然看不见。所以，每个人也都只认识假我，不认识真我。

可惜梁武帝不懂。

如此鸡同鸭讲，只好分道扬镳。梁武帝依然去种他的福田，菩提达摩则渡过长江继续北上。据说梁武帝得到消息，曾经派人去追。菩提达摩便随手折了一根芦苇，站在上面飘然而去。

这就叫**一苇渡江**。

后来也有人说，不是一根芦苇，是一捆。

一根不行，一捆就行么？

也不靠谱。

可以肯定的是菩提达摩到了洛阳，也就是北魏的首都。当时，以秦岭和淮河为界，北方是鲜卑的政权魏，南边宋、齐、梁、陈，四个"你方唱罢我登场"的汉族王朝，史称南北朝。

北魏也曾推崇佛教，胡太后修建的永宁寺更是美轮美奂。每到四月四日的佛诞节，那里便是旗幡如林，宝盖如云，香烟如雾，飘散的金花在阳光下熠熠生辉，梵乐和诵经之声响彻云霄。菩提达摩站在塔前，情不自禁地顶礼膜拜合掌数日。

但最后，他还是选择了一个山洞。

山洞在河南省少林寺背后的嵩山。菩提达摩在那里一动不动，面对洞壁坐了很久，就连小鸟都要在他肩膀上筑起巢来，达摩却终日默然。

这就叫**面壁九年**。

奇怪的是，尽管菩提达摩在山洞里与世无争地面壁修行，却有人五次三番对他下毒。看来佛门也非净土，是江湖就有凶险。到第六次，菩提达摩决定吃下那毒药，并被安葬在熊耳山。

三年后，却有人声称看见了他。

这个名叫宋云的北魏外交官，是在古代叫作葱岭的帕米尔高原遇见达摩的。当时，达摩手上拎着一只皮鞋翩然而至，宋云却并没有感到惊奇。因为他出使西域，没有得到菩提达摩圆寂的信息。于是宋云双手合十问：大师要到哪里去？

　　达摩说：回西天。

　　宋云回到洛阳，向朝廷报告了这件事。众人听了将信将疑，决定探个究竟。结果，他们发现菩提达摩的棺木中空空如也，只有一只皮鞋。

　　这就叫**只履西归**。

　　一苇渡江，面壁九年，只履西归，这位菩提达摩法师，究竟是神还是人？

　　当然是人，只不过被神化了。

　　所以后面的故事，也只能姑妄听之。

袈裟和钵盂

菩提达摩西归前，已经指定了接班人。

他就是慧可。

慧可是在达摩面壁的时候拜师的。当时正天降大雪，达摩坐在洞内一动不动，慧可站在洞外一动不动，直到黎明时大雪淹过了膝盖还是不动。

达摩不禁心生怜悯。

他问：你如此这般，要求什么？

慧可流泪说：愿大和尚慈悲，普度众生。

达摩说：这不是一般人做得到的。

慧可二话不说，抽刀砍断了自己的左臂。

达摩问：你为什么要学佛？

慧可说：我心不安。

达摩说：把心给我，我帮你安。

慧可说：我不知道心在哪里。

达摩说：已经给你安放好了。

慧可豁然开朗，大彻大悟。

某天，达摩叫来了他的四个学生。

他问：学了这么久，都有什么心得？

第一个说：对文字，不拘泥，也不背离。文字是为道所用的。

达摩说：你学到了我的皮。

第二个说：我的感觉，就像到了如来佛国，见到一次就见不到第二次。

达摩说：你学到了我的肉。

第三个说：四大皆空，五阴非有，无法学得。

四大就是构成物质世界的四种基本元素，五阴则是物质世界和四种精神世界的总和。如果四大都是空的，五阴也非真有，这世界当然是空无。空无是无法学习的，所以说无法学得。

达摩说：你学到了我的骨。

最后，慧可出列行了个礼，又站了回去。

达摩说：

慧可，你学到了我的精髓。

一言不发的慧可考了第一名。

为什么是慧可？

因为既然是空无，那就什么都不用说。

不过，菩提达摩还是给了慧可两件东西。

第一件，是木绵袈裟。

木绵就是棉花，不是又叫英雄树的木棉。木绵袈裟的那个绵，偏旁是丝，本义是丝绵。中国古代只有蚕丝做成的丝绵，没有地上长的棉花，棉花是印度才有的。印度的棉花传入中国后，中国人把它看作木本的丝绵，因此叫木绵。

这当然是稀罕物。

更稀罕的是，这件木绵袈裟据说是释迦牟尼佛祖交给摩诃迦叶，又经过二十六代传到菩提达摩手里的。而且，佛祖授衣的时候还诵了一偈：

法本法无法，无法法亦法。

今付无法时，法法何曾法。

——《五灯会元》卷一

这很难懂，暂时也不需要懂它。

问题是，为什么要有这件袈裟？

因为禅宗不立文字，代代相传靠的是心心相印，这就难免会有问题。难道历代掌门交班，都靠拈花一笑？口说尚且无凭，微笑岂能算数？

因此，主张心传的禅宗反倒更要物证。

用达摩对慧可的话说就是：

内传法印，以契证心；

外付袈裟，以定宗旨。

——《五灯会元》卷一

这十六个字的意思是：内传正法以印证如来的佛心，外传袈裟以表示师承的不妄。

由此留下一个成语：

衣钵相传。

慢！怎么还有钵？

钵，就是《西游记》里面被阿傩陀要走的那个紫金钵盂，但不是唐太宗送的。历史上的玄奘法师去西天取经是偷渡出国，怎么会有这东西？如果真是太宗皇帝所赠，如来佛祖也不会要了去。

那么，它是从哪里来的？

据说是佛祖传给摩诃迦叶的。如来让阿难陀要了回来，照理说不过是物归原主。当然，吴承恩写的是小说，当不得真。禅宗的说法，是释迦牟尼将紫金钵盂和木绵袈裟一起了摩诃迦叶，现在又由达摩传给了慧可，两件东西都是传法的物证。

慧可也成为达摩的衣钵传人。

衣钵相传正式的说法叫**法嗣**。

嗣的本义是继承和接续，即传承。一脉相承就叫统。比如子嗣，延续的就是血统；法嗣，传递的则是道统。出家人没有儿子，只能在弟子中选一个人来传承，叫法嗣。法嗣代表的系统叫正统，也叫正宗，木绵袈裟和紫金钵盂便是身份证明。

不过谁都没想到，那衣钵会惹出大麻烦。

接班人是问题

菩提达摩将衣钵传给慧可，慧可就成了中土禅宗的二祖。此后，慧可传僧璨，僧璨传道信，道信传弘忍，是为中国禅宗的第五祖。

时间，是在唐初。

达摩创立的宗派，也已经成了气候。

弘忍是被道信一眼看中的。当时，弘忍还只是随母乞讨的私生子，道信却看出他有慧根，也就是领悟佛教最高智慧的天赋，应该收为徒弟。

　　于是道信问：

佛性的性并不是姓氏的姓，谐音而已。但小小年纪便能如此对答，道信不能不另眼相看。

于是又问：难道你自己就没有姓吗？

弘忍说，性空，故无。

这就是"未入佛门，已然成佛"了。因此，当弘忍为自己选择法嗣时，门槛便不可能低。何况这时禅宗的地位早就今非昔比，衣钵也成了暗中争夺的对象。选非其人或处理不当，后果都很严重。

弘忍的办法是竞争上岗。

我老了，该选接班人了。

喂，法师要竞争上岗。

有选秀！
快选我选我！

按照当时的规矩，传法要作示法偈。禅师以此指点迷津，学徒以此汇报心得。于是弘忍对弟子们宣布：你们都各自依照本性作一偈来。谁的偈最有觉悟，我就把衣钵和佛法传给谁。

结果，很快就有人交了作业。

作偈的是神秀。

神秀非同一般。从小饱读诗书的他，入寺以后从砍柴挑水做起，脚踏实地步步晋升，这时已经担任了教授师，可以为受戒者传授礼仪。

事实上神秀后来的成就也很大。他是禅宗北宗的开山祖师，九十多岁还被武则天请去，在洛阳和长安两地弘扬佛法，为则天皇帝、唐中宗和唐睿宗启迪智慧，史称两京法主，三帝门师。

所以，他要交作业，没人敢竞争。

神秀的作业能得满分吧？

神秀的偈是：

身是菩提树，心如明镜台。
时时勤拂拭，莫使惹尘埃。

菩提是梵文Bodhi的音译，指佛教对真理的觉悟和修成正果的智慧，菩提树则是一种常绿的榕属乔木。由于传说释迦牟尼在此树下觉悟成佛，所以管它叫菩提树，树的种子也被用来做念珠。

神秀的偈，表达了学佛的信心。

弘忍却深感失望。

失望是肯定的。因为禅宗主张实相无相，神秀却又是菩提树，又是明镜台，还要时时拂拭，请问这是四大皆空，还是到处都有？

说得难听点，几乎要算尚未入门。

这样，接班人立马成了问题。

幸运的是，墙壁上很快又出现了一偈。

而且，简直就是唱对台戏的。

偈云：

菩提本无树，

明镜亦非台。

本来无一物，

何处惹尘埃。

回头再看神秀的，不用多说，高下立判。

惠能的故事

/ 人人都有成功的可能

幡在风中，
风在空中。
位我上者，
灿烂星空。

空是不空，
不空是空。
一轮明月，
在你心中。

文盲考了第一名

　　第二首偈的作者叫惠能。

　　惠能原本是河北涿州人，俗姓卢。据他的弟子法海为《六祖坛经》所作之序，惠能这个名字是他小时候一位得道高僧取的，意思是惠施众生，能做佛事。据此，则惠能的本名是卢惠能。

这就好比孙悟空，用的是本名，悟空不是他后来的师父唐僧取的。反倒是八戒和沙僧，跟着他变成"悟"字辈，叫猪悟能和沙悟净。

同样，惠能这两个字也非弘忍所赐法号。有些书写成慧能，恐怕不对。

我叫悟能，他叫惠能。
^_^

惠能的童年很苦。他先是随父亲流放到今天的广东新兴，丧父之后又随母亲迁徙到南海，靠上山砍柴艰难度日，孤儿寡母相依为命。直到二十四岁时，才受好心居士赞助，从岭南北上到今天的湖北黄梅双峰山，师从五祖弘忍学佛。

但，惠能在双峰山东禅寺初见弘忍，就立即让这位禅宗五祖刮目相看。

弘忍照例问惠能：

你从哪里来？

岭南。

想干什么？

做佛。

岭南人野蛮，怎么能学佛？

人有南北，佛性也有吗？

弘忍心里一惊：肉身菩萨来了。

同时他也明白，这事不能张扬。

于是，弘忍沉住气，不动声色若无其事地当众吩咐惠能到厨房劈柴踏碓。惠能向他提问，他不予理睬，也不为惠能**剃度**。

剃度就是剃去头发胡须，表示度越生死，是佛教徒正式出家的手续。不剃度，就不是僧人。所以这时的惠能，还只是东禅寺的临时工。

八个月后，弘忍宣布以示法偈选定法嗣。

他的眼睛，也许在悄悄看着惠能吧？

惠能果然一鸣惊人。

弘忍既欣慰又为难，一则以喜，一则以忧。喜的是后继有人，忧的是不好处理。毕竟，惠能只是厨房勤杂工，头发都没剃，可以说连正式的学籍都没有，顶多算是旁听生。仅凭一则偈子，就指定为法嗣，不要说神秀不服，恐怕也难服众。

更让人哭笑不得的是，惠能是个文盲，或声称是文盲。由于不识字，他的偈子是口述出来，再请人帮忙抄在墙上的。尽管禅宗主张不立文字，但让文盲做宗师，似乎也太出格了吧？

何况神秀众望所归毋庸置疑，惠能是不是透彻了悟却很难讲，你怎么知道他不是碰巧呢？

这真是大麻烦。

老和尚决定再试一把。

于是弘忍悄悄来到厨房，却看见惠能腰里绑块石头正在舂米。舂读如冲，即脱去谷物皮壳。稻子收割以后，米粒外面是有硬壳的，不能吃，必须把硬壳去掉才行。古代没有机器，去壳靠舂，也就是把稻粒放进石臼（读如旧）里，再用木槌去捣。

惠能的脸上没有任何表情。

弘忍问：你这个米好了没？

惠能说：早春好了，只欠一筛。

这是双关语——筛字下面是师。

意思是：我早就开悟，只是还没拜师。

弘忍懂了，拿起禅杖在石碓上敲了三下。

惠能也明白，三更时分进入了方丈室。

《西游记》里好像也有这情节。

其实《西游记》是抄惠能的。

惠能进了方丈室，弘忍便为他悄悄开讲《金刚经》。讲到一个人不要因为居住环境而产生虚妄之心时，惠能突然大彻大悟说：

何期自性本自清净。

何期自性本不生灭。

何期自性本自具足。

何期自性本无动摇。

何期自性能生万法。

    ——《六祖坛经·行由品》

意思是：

众生的本性原来清净。

众生的本性不生不灭。

众生的本性具足佛性。

众生的本性不可动摇。

众生的本性包罗万象。

弘忍也马上明白：禅宗六祖，非他莫属。

于是当即传给他钵盂和袈裟。弘忍还说，初祖西来时，没人相信他的话，这才以此为信物。现在立足已稳，不可再传。衣钵本是争端，传衣钵命若悬丝。此处不可久留，快走快走！

师徒二人连夜来到江边。

上船以后，惠能说：和尚请坐，弟子摇橹。

弘忍不肯。

他说：本该我来度你。

这又是一语双关。佛家讲慈航普度，度人是为师的职责所在。度与渡谐音。渡惠能过江，就是度他到彼岸，度他到佛国，度他到光明世界。

惠能却说：迷时师度，悟了自度。

意思也很清楚：我不明白的时候，感谢老师来度我。现在已经开悟，当然自己度自己。

这话很对。

觉悟是每个人自己的事。

弘忍连连点头，一声长叹：是这样，正是这样啊！三年以后我会圆寂，佛法就靠你弘扬了！

没有史料记载惠能如何回答，只知道辞别恩师后惠能一路南行，然后隐姓埋名，潜伏下来，直到他认为时机成熟之日，才公开亮明身份。

惠能为什么要隐姓埋名？

因为很多人不服气他，还有很多人盯住了钵盂和袈裟，防不胜防。

Take me home, "country road"……

嗯，乡村路带我回家。

不是，我是说回家走国道。^_^

都是你们心动

惠能现身是在广州法性寺。

时间是在唐高宗仪凤元年正月初八。

那天，寺庙里面的幡（旗帜）翩然起舞，扣人心弦。刚刚听完住持印宗法师讲《涅槃经》的一众僧人，便七嘴八舌地讨论起这个问题。

问：幡是无情物，没有意识，怎么会动？

答：风吹幡动。

又问：风也是无情物，怎么会动？

有人说：因缘合和。

也有人说：幡不动，风自动。

这时，一直混在人群中旁听的惠能，便突然站出来对众僧大声说道：

不要争了。什么风动，什么幡动，不过都是你们心动！

正在一旁休息的印宗法师大吃一惊，客客气气把惠能请进了方丈室，继续探讨风幡问题。惠能也从容不迫，将原理慢慢道来。印宗越听越入迷，竟不知不觉站起来，恭恭敬敬地说：早就风闻黄梅的衣法到了岭南，莫非就是行者您？

黄梅当然就是弘忍，衣法则指法嗣。

惠能说：不敢。

印宗说：请出示衣钵，以告众人。

惠能这才把衣钵拿了出来。

印宗问：黄梅有什么指教？

惠能说：没有指教。

印宗问：为什么没有？

惠能说：因为禅定解脱都是二法，不是佛法。

印宗继续问：

什么是二法，什么是佛法？

人们都说有常，有无常；有善，有不善。这其实就是有分别心，也就是二法。佛性却既不是常，也不是无常；不是善，也不是不善。明白常与无常、善与不善并无区别，便是不二之法。

不二之法就是佛法，不二之性就是佛性。

讲这干什么？

因为有个成语叫不二法门。不二法门后来指最好或唯一的途径。

印宗听了满心欢喜，说，印宗凡夫俗子，以前讲的都是瓦片，行者您讲的才是真金。

当下就要拜惠能为师。

惠能说：我的头发还没剃呢！

印宗便为惠能剃度，然后再拜惠能为师。

一个文盲，就这样成为祖师爷。

禅宗也从此分为两支。惠能在岭南创立的叫作南宗，神秀代表的则称为北宗。只不过，最终风行于中华大地的是南宗。南宗与禅宗合而为一，提到北宗的时候才需要特别加以说明。

这样看，惠能其实是中土禅宗的初祖。

衣钵也不见了。神秀没有，惠能不传。法嗣也不再只有一个，惠能门下就有好多名。而且，只要他们能够找到得力的传人，就能开宗立派。结果是什么呢？佛祖手里那朵花，开遍了中华大地。

这是划时代的事情。

于是，也就有了一个不能不讨论的问题。

惠能真是文盲吗？

假文盲与真大师

惠能恐怕其实是识字的。

据《六祖坛经》和《五灯会元》说，惠能还没
到广州法性寺，甚至还没见到弘忍法师时，就已经
给一个尼姑讲解佛经——她读《涅槃经》时，惠能
就边听边解释某句话是什么意思。

尼姑便拿起经书问字。

惠能说：字不认识，意思只管问。

尼姑说：你连字都不认识，怎么知道意思？

惠能却说：佛法与文字无关。

后人说惠能是文盲，依据就在这里。

这事可疑。惠能如果当真一字不识，怎么知道筛字的下面是师字？更何况佛经那么生涩，识字的尚且未必能够看懂，听听就能明白？

看来，目不识丁是假的，甚至是装的。

实际情况很可能是：惠能识字不写字。或者不会写，或者不想写，不想写的可能性更大。

不想写也有两种可能，一是写不好，二是坚持禅宗"不立文字"的宗旨。他对那尼姑说得非常之明确：诸佛妙理，非关文字。不写，才对。

当然，也可能真不会写。

但不管真相如何，意义都很重大。是啊！一个文盲如果都能够成为祖师，岂非更加证明了禅宗和所有大乘佛教的共同主张：

众生皆有佛性，人人都可成佛。

这个观点极其重要。

我们知道，在佛教中，所有的生命体无非两大类：佛与众生。比如普通人，就是众生之一。众生是很苦的，而且那苦难还没有边际和尽头，叫苦海无边。佛则没有烦恼和痛苦，叫清净自在。所以释迦牟尼才立下宏愿，要普度众生，也就是帮助所有的生命体都脱离苦海。学佛、参禅和修行，也是为了实现这个目的，让自己由众生变成佛。

众生皆有成佛的种子

这就有一个可能不可能的问题。可能，学佛和佛教就有意义。不可能，就没意义。

那么，可能不可能，关键在哪里呢？

众生是否有佛性。

佛性也叫佛陀本性或如来性，是人与佛的本质区别——佛的本性是佛性，人的本性是人性。佛性既然是佛的，就不可能是人的。否则，佛与人有何区别，我们又为什么要拜佛？

问题是，如果众生没有佛性，又岂能成佛？

原来没有佛性，就不能变成有吗？

不能。给你一块石头，能长成树吗？不能，浇再多水也没用。但若给你一颗种子呢？

（恍然大悟）也许能，也许不能。

这就对了。佛就是种子长成了大树，众生则是没长成的。但，众生不是石头，是种子，原本就蕴含着成佛的可能性，它是每个人本来就有的。

学佛，就是要把可能变成现实。

那么，这对我们有什么意义呢？

当然有意义。对于不学佛的人，只需要把"成佛"换成"成功"就行了。

也就是说，禅宗告诉我们：

人人都有成功的可能。

你我也能成佛吗？

当然。我能，你也能。

觉悟的故事

/ 智慧只能靠启迪

佛前一盏灯，

人间万盏灯。

心中一盏灯，

天上万盏灯。

心也不是心，

灯也不是灯。

心也就是心，

灯也就是灯。

坐禅没有用

刚开始时，马祖道一也是坐禅的。

道一是南岳怀让的得意门生，而怀让则是惠能的法嗣。当时，称呼禅师有个习惯，就是在法号的前面再加山名、地名或寺名。怀让弘扬佛法的道场是在南岳衡山，所以叫南岳怀让。

有一天，怀让到禅房去看道一。

他问：年轻人，你在这里坐禅究竟图什么？

道一说：成佛。

南岳怀让便找了块砖头，在墙上磨。

道一问：和尚磨砖干什么？

怀让说：做镜子。

道一说：磨砖岂能成镜？

怀让说：磨砖不能成镜，坐禅岂能成佛？

道一问：那要怎么样？

怀让说：牛车不动，该打车，还是打牛？

道一答不上来。

怀让说：你自己好好想清楚，到底是要学习坐禅呢，还是要学做佛？如果学禅，禅非坐卧；如果学佛，佛无定相。像你这样，不是学佛是杀佛。

马祖道一如醍醐灌顶，顿悟。

前面说过，禅的本义是静虑，也就是安安静静地坐在那里思考，所以也叫禅定或坐禅。但，闭上眼睛坐着不动就是参禅，就能得道吗？

不信试试。

发呆还算好的。发呆的时候，至少心里面没有乱七八糟的念头。运气好的话，还会有飘然欲仙或灵魂出窍的感觉。这时，是可能有灵感的。哲学家和艺术家喜欢发呆，道理就在这里。佛门弟子往往都要学习打坐，原因也在这里。

那又为什么说禅非坐卧？

因为参禅的目的是成佛。

成佛是变成佛的样子吗？

不是。

没错，我们看见的佛像有坐着的，叫坐佛；也有躺着的，叫卧佛；还有站着的，叫立佛。一般人看到这些佛像，便以为成佛就是这个样子。

可惜错了。

为什么呢？

因为这些都是佛的色身，不是佛的法身。色就是表面现象，法才是内在本质。只看见表面，看不见本质，不但没有成佛，反倒是糊涂虫。

那么，佛的本质特征是什么呢？

觉悟。

实际上，佛是佛陀的简称，也是梵文Buddha的音译，意思是觉悟的人。只不过，觉悟以后就不是一般人，不是众生了。所以，汉字就写成了半边表示否定，半边表示是人的佛。

佛. Buddha

佛，是人，同时又不是人。

当然，也不是神仙。神是只有灵魂，仙是肉体飞升，佛是思想转变。转变了，还是人。

关键，是觉悟。

佛教，就是主张觉悟的宗教。

觉悟也有三个要求：

自觉：自己觉悟。

觉他：让别人、让众生觉悟。

觉行圆满：所思和所得，度己和度人，自觉和觉他，思想和行为，都完美无缺。

三条都没有，是众生。

能够自觉的，是罗汉。

自觉觉他的，是菩萨。

全都做到的，是佛。

佛、菩萨、罗汉，是从高到低的三个果位。

果位，就是修成正果的不同境界。

境界高低，只看觉悟程度。

　　至于成佛的时候是什么样子，成佛以后又是什么样子，无关紧要。佛，可以有各种样子，还可以没有样子。没有样子，也是样子。

　　这就叫佛无定相。

　　佛无定相，就不要见样学样。

　　禅非坐卧，就不必死守戒律。

那该怎样?

禅宗的主张是:

直指人心,见性成佛。

这句话的意思是:绕开繁文缛节,直截了当地指向心灵深处,发现每个人原本就有的佛性。

此时此刻,你就觉悟,也就成佛了。

既然如此,为什么还一定要打坐呢?

谁来点燃心中的灯

德山宣鉴就是在瞬间开悟的。

宣鉴是惠能的六世法孙。简单地说，就是六祖惠能传青原行思，青原行思传石头希迁，石头希迁传天皇道悟，天皇道悟传龙潭崇信。龙潭崇信再传德山宣鉴，就是第六代，时间是在唐末。

不过，宣鉴原本是反对禅宗的。他说，我们出家人千辛万苦皓首穷经，尚且不能修成正果，岭南那野蛮人（指六祖惠能）却说什么"直指人心，见性成佛"，天底下哪有这样的道理？

于是，宣鉴便挑了一担经书，去成都龙潭寺找崇信禅师辩论，扬言要直捣龙潭剿灭禅宗。

然而走到半路，就挨了一棒。

当时，一位老太太在路边卖烧饼。

德山宣鉴上前施礼。

烧饼婆婆问：法师有什么事？

德山宣鉴说：买点心。

烧饼婆婆问：法师挑的是什么书？

德山宣鉴说：《金刚经》。

烧饼婆婆说：好！我有一问。答得上来，点心白送。答不上来，别处去买。

德山宣鉴想，我熟读佛经，还怕你问？

于是说：请讲！

烧饼婆婆说：《金刚经》上有一句话，过去心不可得，现在心不可得，未来心不可得，请问法师要点哪个心？

德山宣鉴瞠目结舌。

是啊，一个烧饼婆婆的问题都回答不了，读那么多经书又有什么用？因此到了龙潭寺，他就已经成了强弩之末。不过，宣鉴进入大堂，还是雄赳赳气昂昂地大声嚷嚷说：久闻龙潭寺大名，今日来到此地，却是潭也不见，龙也不见。

（十皿）潭呢！！！龙呢！！！

崇信却一点都不生气。

他欠了欠身说：法师不是亲自来了吗？

这话可以有两种理解。

第一种：尽管敝寺潭也不见，龙也不见，但是法师屈尊亲自来了，岂不是潭也有了，龙也有了？

第二种则是：既然敝寺潭也不见，龙也不见，法师为什么还要亲自来？

无论哪种，宣鉴都接不住招。

哈！这就叫：

气壮如牛，不如心静如水。

宣鉴哑口无言，只好行礼。

当然，他也留了下来。

某天晚上，宣鉴侍立在龙潭崇信身旁。崇信见天色已晚，便让他回房间去。当时夜深人静，星月全无，宣鉴走出门外，回过头说：天太黑。

崇信便为他点燃了烛火。

宣鉴伸手去接。

崇信一口吹灭。

宣鉴顿时开悟，倒头便拜。

原来潭也有，龙也有。

第二天，宣鉴一把火烧掉了随身携带的经书和笔记，彻底皈依了禅宗。后来，他成为禅宗的重要代表人物之一，故事很多，将来还要再讲。

问题是，从点烛到吹火，不过片刻间简简单单两个动作，宣鉴怎么就觉悟了呢？

这就牵涉到一个概念：

传灯。

佛家认为，佛法就像明灯，可以照亮人心照破黑暗，因此把传法叫作传灯，把佛法相传称为如灯传照。他们甚至还有传灯法会这样的仪式，信众手捧莲花座灯相互传递，意在让慈光普照世间。

所以，崇信点燃烛火就意味深长。

没错，他是在传灯。

不过，要理解这一点，我们必须知道禅师传法跟数学老师上课可不相同。

数学老师那里，一是一，二是二。

禅师传法，一不是一，二不是二。

他们的动作和说话都有言外之意。或都隐含着让人觉悟开窍的暗道机关。发现暗道，触动机关，就会柳暗花明，豁然开朗，悟得禅意，心明眼亮。

这就叫禅机。

宣鉴说天太黑。

言外之意为：这世界太黑暗。

崇信点燃烛火。

言外之意为：佛法就是明灯。

那么，为什么又一口吹灭了呢？

不吹灭，就没有什么言外之意。因为宣鉴说天太黑，很可能只是在陈述事实。如果崇信为他点燃烛火之后，宣鉴接过来举着回房间去，便没有后面的戏，当然也不会有什么禅机。

所以，必须吹灭，给他觉悟的机会。

有机会，才是禅机。

幸运的是，宣鉴开悟了。这样一来，说天太黑才有了这世界太黑暗的意思，点燃烛火也才意味着佛法就是明灯。更重要的是，宣鉴明白了这盏明灯原本就在自己心里，师父不过帮着点一下，所以还得吹灭。烛火吹灭之际，便是心灯燃起之时。没有这个觉悟，崇信也是枉费心机。

　　这就告诉我们：

机会都是自己抓住的。

　　因此，宣鉴心中的那盏明灯，其实是他自己点亮的。但是没有崇信，就点不亮。崇信不把那烛火吹灭，也不行。自己的灯要别人来点，为了点灯又必须吹灯，这就是本案的奥秘所在。

立地成佛

按照佛教的说法，释迦牟尼原本是印度净饭国的王太子。有一天他出城去，在四个城门分别看见了产妇、老人、病人和死人。于是他想，人生不过生老病死。四件事情都痛苦，说明什么呢？

人生是苦。

结果，这位王子就出家了。

后来，他成了佛。

当然，是在菩提树下。

成佛的原因也很简单，那就是他想明白了一个道理：**人生是苦，涅槃是福**。涅槃不是死亡，而是超越了生死轮回的境界，一个没有生死也没有痛苦和烦恼的境界。人生和涅槃，就像河的两边：这边是苦不堪言的此岸，那边是清净自在的彼岸。

从此岸到达涅槃之彼岸，叫波罗蜜多。这是只有通过某种特殊智慧才能实现的，因此叫**般若波罗蜜多**。般若读如波惹，不读班弱，意思是成佛所需的智慧或觉悟，也叫涅槃之道或菩提智慧。

这是一种大智慧。这种大智慧，就叫**无上正等正觉**。无上就是最高，正等正觉是绝对真理。能够获得这种最高智慧和最高觉悟，当然是佛。

好高级！
就是太复杂了。

其实也不复杂，只要记住觉悟和智慧这两个词就行。再说就算不学佛，智慧总是要的，觉悟也总是要的吧？弄清楚智慧和觉悟，没坏处。

所以，只要把佛法理解为智慧，就OK。

那么，智慧的特点是什么？

跟知识比较一下就知道：

知识属于社会，智慧属于个人；

知识可以传授，智慧只能启迪。

什么意思呢?

就是说，知识可以共享和授受。它就像电脑里的数据，是可以录入的。一旦录入并存储，该数据就在这台电脑里了。同样，告诉你某种知识，理解并记住了它，你就拥有了这个知识，无论它是关于哪方面的，是科学还是宗教，法律还是历史。

智慧却不能拷贝，永远属于每个人自己。最好的导师所能做到的，也就是把学生变成像他一样有智慧的人。尽管如此，他的智慧跟你的智慧仍然是两种智慧，而且各归各，不能共享。

当然，这也不错。

办法则是启迪，它好比激活程序。程序被激活就叫觉悟，前提条件是那程序你自己有。这种自己原本就有，只是尚待激活的程序，就叫**慧根**。

用哲学语言表述，就叫潜在可能性。

所以，觉悟一定是每个人自己的事。师父只能帮你点，不能帮你燃。能不能亮起来，要看你心里有没有灯。正如惠能所说：

我心自有佛，自佛是真佛。
自若无佛心，何处求真佛？
——《六祖坛经·付嘱品》

这就是怀让不主张坐禅的原因。禅是车，心是牛。牛不肯走，你打车干什么？佛就在你心中，怎么不去找？当然，牛若肯走，车也可坐，否则仍是没有觉悟。只不过觉悟之后，坐不坐都无所谓。

但是龙潭崇信的点火吹灯，却非有不可。因为程序不能自己激活。就是说，智慧需要启迪。崇信也不仅在传法，而且在传传法之法。

启迪和慧根，缺一不可。

那么，如果心中有灯呢？

当然一点就亮。

比如道信。

道信是中国禅宗的四祖，弘忍的师父。他拜在三祖僧璨门下学佛时，只有十四岁。

道信大悟，于是入门。

这叫什么呢？

> 一念悟时，众生是佛。
>
> ——《六祖坛经·般若品》

如此说来，再苦再难也不要紧？

不要紧。

苦海无边，回头是岸。

作恶多端也没关系？

没关系。

放下屠刀，立地成佛。

为何好人要历经九九八十一难才能成佛，作恶多端的人放下屠刀就能立地成佛？

袈裟拖在地上了

某天，雪峰山上来了一位比丘尼。

比丘尼就是尼姑。这位法号玄机的尼姑是浙江温州人。她去雪峰山，是要挑战雪峰禅师的。

雪峰问：师太从哪里来？

玄机答：大日山。

雪峰问：日头出了吗？

玄机答：出了就会融化雪峰。

雪峰马上知道来者不善，却又只能忍住，因为这在禅门是常态。而且，这种挑战不但考验禅师的智商和修为，也是启迪智慧的一种方式。

于是他换个话题说：

> 敢问师太法号？
>
> 玄机。
>
> 请问一天织多少布？
>
> 寸丝不挂。

说完，玄机便施礼告退。在她看来，这次挑战自己完胜。尤其是第二回合，雪峰禅师想在她法号上做文章，故意把玄机的"机"说成是织布机。可惜呀可惜，雪峰没有想到，既然是玄机，当然就像菩提本无树，什么都没有，寸丝不挂啦！

哼哼，看他还有什么话说！

那禅师也确实不再搭话，只是客客气气地礼送玄机下山。然而走出山门才三五步，自以为雷翻了对方的玄机就被突然叫住。

雪峰说：玄机师太，袈裟拖在地上了。

玄机马上回头看。

于是雪峰说，呵呵呵，好一个寸丝不挂！

哈哈，寸丝不挂，却有袈裟。

四大皆空，透彻了悟，哪有那么容易！

想不通的，就更多。

比如临济义玄遇到的那个人。

跟德山宣鉴一样，临济义玄也是六祖惠能的六世法孙，只不过系统不同。简单地说，是六祖惠能传南岳怀让，南岳怀让传马祖道一，马祖道一传百丈怀海，百丈怀海传黄檗希运，黄檗希运再传临济义玄。因此义玄与宣鉴同辈，也齐名。

他俩的故事，后面都要再说。

某天，有人来到临济义玄的佛堂。

这人问：你这一堂僧人还看经吗？

临济义玄说：不看经。

那人又问：习禅吗？

临济义玄说：不习禅。

那人不懂：既不看经，又不习禅，都做什么？

临济义玄说：成佛呀！

奇怪！不看经，不习禅，怎么成佛？

是的。不看经，不习禅，才能成佛。

这就是禅宗的观点。

不过，话还得从头说起。

前面说过，禅宗确立的重要宗旨，就是众生皆有佛性，人人都能成佛。或者说，每个人都有成功的可能。但这样一来，就有了三个问题。

第一，众生皆有佛性，坏人有没有？

答案是有，因为坏人也是众生。更何况，如果众生都是好人，普度就没有意义。度得了恶人才是真普度，容得了小人才是真宽容。慈悲为怀不能看对象，普度众生不能设门槛，认定佛性当然也不能论善恶。只要改邪归正，就能脱胎换骨。

这就叫：**放下屠刀，立地成佛**。

第二，众生皆有佛性，佛与众生区别何在？

在觉悟。佛是觉悟了的人，未能觉悟或者不肯觉悟就是众生。迷即佛众生，悟即众生佛。这也就是说，如果迷糊，佛祖也是众生；如果觉悟，众生也能成佛。佛与众生不但可以相互转化，而且只有一念之差。关键的关键，就看是迷还是悟。

这就叫：**苦海无边，回头是岸**。

第三，众生皆有佛性，为什么未能成佛？

在执迷。执就是执著，一根筋，认死理，死不开窍。比方说，认准了参禅就要打坐，学佛就要读经等等。执则迷，迷则不悟，叫执迷不悟。

结论很简单：

你不成功，是没想通。

破执的故事

/ 你的敌人就是你

临济喝，德山棒，
长江后浪推前浪。
左一棒，右一棒，
前浪飞到山顶上。

站在山顶往下望，
不见当年老和尚。
只见野鸭入芦荡，
瘦的瘦来胖的胖。

打你没商量

临济义玄的师父是黄檗希运。

檗读如波去声，黄檗就是黄檗山，在今天的江西省宜丰县，希运则是晚唐著名的禅师。他有两个非同一般的学生：宰相裴休和唐宣宗李忱。不过李忱学佛的时候还不是皇帝，所以挨了两巴掌。

挨打是有原因的。当时李忱还不到二十岁或者还没有受具足戒，在杭州一座禅院做沙弥，也就是通常说的小和尚。希运也刚毕业不久，因此参访杭州这座禅院时，便按照规矩焚香礼佛。

李忱却认为如此礼拜，不对。因为禅宗的宗旨和主张，是心性本净，佛性本有，无念为宗，见性成佛。也就是说，每个人的心性本来就是清净的，每个人的佛性也是本来就有的。只要发现，就能成佛，犯不着依靠号称三宝的佛、法、僧。这就叫：

不著佛求，不著法求，不著僧求。

——《五灯会元》卷四

于是李忱说：既然不著佛求，不著法求，不著僧求，那么请问，长老在此礼拜有何所求？

希运说：例行公事而已。

李忱说：例行公事有什么意义？

希运不回答，给了他一巴掌。

李忱说：太粗鲁了。

希运说：这是什么地方，讲什么粗啊细的？

说完，又是一巴掌。

其实希运并非粗鲁，打一巴掌是禅机，是帮你觉悟。实际上，他自己就是这样获得印证的。只不过不是师父打他，是他打了师父。

希运的师父是百丈怀海。这可是佛教史上赫赫有名的改革家，禅院制度、禅林清规以及参加农业生产自食其力的传统，就是他建立起来的。

于是，希运去拜他为师。

巍巍堂堂，从哪里来？

巍巍堂堂，从岭南来。

巍巍堂堂，有什么事？

巍巍堂堂，没别的事。

这就算是入学了。

某天，怀海问：刚才你到哪里去？

希运说：大雄山下采菌子来。

怀海问：没看见老虎？

希运就学着老虎吼。

怀海则拿起斧头来。

希运立即冲上去打了怀海一巴掌。

怀海便对众人说：大雄山下有只大老虎，老汉今天亲自被咬了一口，你们可要注意呢！

这就算是毕业了。

这样啊？
打师父也能毕业？

弟子打老师，这是忤逆，
但怀海不以为忤，反而赞美希运。

难怪希运会打李忱。

不过，打得凶的还不是黄檗希运，也不是他的学生临济义玄，而是义玄的同辈——龙潭崇信的法嗣德山宣鉴，也就是前面所说被烧饼婆婆问得哑口无言的那人。

他上课时公然宣布：我的问题，答得上来三十棒，答不上来也三十棒。问他道理何在，对不起，也是三十棒，打你没商量。

当然，扬言而已。

打一两棒是有的，三十棒倒未必。

这就叫**德山棒**。

临济义玄的教学方法则是吼，呵斥。而且不管说得对不对，都是一声断喝。后来，学生回答问题时也吼，师生对吼。临济义玄便说：这不行。比如一个人从东堂来，一个人从西堂出，两个人同时吼起来，还分得清主次么？以后不得学老僧吼。

这就叫**临济喝**。

临济喝，德山棒，是当时传法的典型。

由此留下一个成语：

当头棒喝。

呵佛骂祖

丹霞天然骑在了僧徒的脖子上。

这个胡作非为的家伙是惠能的四世法孙，师父倒有两个，马祖道一和石头希迁。实际上此人原本是儒生，准备到长安参加科举考试的。只因为途中遇到一位学佛的禅者，才彻底改变了人生。

施主到哪里去？

考公务员。

当公务员比得上做活菩萨？

一句话点醒梦中人，丹霞天然立即改道江西去见马祖道一。马祖道一的故事前面讲过，他是惠能的法嗣南岳怀让用砖头磨镜子点醒的。丹霞天然见了他，不磨镜子也不坐禅更不说话，只是跪下来把手放在额头上，意思是要师父剃度。

马祖道一明白：这家伙不好对付。

于是他说：石头希迁才是你师父。

丹霞天然被一球踢到南岳衡山，见了石头希迁又故伎重演。希迁却不吃那一套，不由分说便让他进了厨房。头发也不剃，杂活倒干了三年。

好在机会也说来就来。

某天，希迁让学生们到佛殿前铲除杂草。丹霞天然却洗了头在他面前跪下，意思是我这头上的"杂草"也该铲除。石头希迁只好为他剃度，然后准备说法，丹霞天然却捂住耳朵掉头就跑。

　　离开南岳，丹霞天然又跑回马祖那里。这次他直接进入僧房，将那坐禅的僧人当驴骑。一众僧人惊慌失色，跑进方丈室向师父报告。

　　马祖道一也只好来看他。

　　然后说：我子天然。

　　意思是：你倒天真可爱。

　　丹霞天然却翻身跪下说：谢恩师赐法号。

　　从此，他便叫作天然。由于他的终老之地是在南阳的丹霞山，所以叫丹霞天然。

石头希迁剃度，马祖道一赐号，立即就让丹霞天然名满天下。然而此人却依然无法无天，时不时就会干些匪夷所思的事。某年在洛阳慧林寺，由于天气寒冷，竟然将木头佛像烧了取暖。

院主责问：为什么要烧我木佛？

丹霞天然拨着灰烬说：取舍利。

这里说的舍利其实是舍利子，就是释迦牟尼或得道高僧火化之后形成的结晶体，历来被看作吉祥物而受到佛教徒的尊崇和供奉。

院主说：木头佛像，哪来的舍利？

丹霞天然说：没舍利吗？那就再烧两尊。

可以，也应该。

德山宣鉴就说：我这里无祖也无佛。达摩是老臊胡，释迦老子是干屎橛，文殊和普贤是担屎汉。临济义玄的主张就更是明确：逢佛杀佛，逢祖杀祖，逢罗汉杀罗汉。

这就叫：

呵佛骂祖。

不，临济义玄是杀佛杀祖。

问题是，为什么啊？

因为破执极难，它有三关：

我执、法执、空执。

首先要破的，是我执。

我执，就是执著于我，比如我看见或者我听说等等。这个时候就要告诉大家，世上有我，是因为有法。诸法造就了我，这就叫我由法生。

能破我执，就是**罗汉**。

第二步，是破法执。

法执，就是执著于法，以为法就是真相。这个时候就要告诉大家，实相无相。我固然是空，法也不是真如，也是虚的，这就叫万法皆空。

能破法执，就是**菩萨**。

再升级，得破空执。

空执，就是执著于空，开口闭口说空无。问题在于，一口咬定空无，就是真空吗？不是，因为这还是把无当作了有。何况我是空，法是空，空就不是空吗？也是。这就叫空亦是空。

能破空执，就是**佛**。

佛说：破空执。

但这很难。

什么叫"空亦是空"？

大乘佛教中观派的表述是：

非有，非无，非有无，非非有非非无。

——《中论·观涅槃品》

翻译成现代汉语就是：不是有，不是没有，不是又有又没有，也不是既没有有，也没有无。

所以，空亦是空，亦是不空。

到底有还是没有？

请问，有几个人听得懂？

太少了。

听不懂怎么办？

也只好棒喝。

但，为什么要呵佛骂祖呢？

因为擒贼先擒王。你想吧，如果连如来佛祖和菩提达摩都可以骂，连佛像都可以烧，那还有什么碰不得的？又还有什么想不开的？最神圣最崇高的都破除了，觉悟还能有什么障碍？

这就叫：

不破不立。

开学典礼

请喝茶的叫赵州从谂（读如审）。

从谂是惠能五世法孙，跟黄檗希运同辈，师祖都是马祖道一。不过希运的师父是百丈怀海，从谂却师从南泉普愿。由于八十岁后驻锡赵州（今河北省赵县）观音院，所以人称赵州和尚。

这是个会说话的。

不信，且看他如何见师父。

当然，从谂初到池阳（今安徽省贵池市）南泉寺时，还只是个沙弥，并不叫赵州和尚。但为方便起见，姑且叫他赵州。

他行参拜礼时，名闻天下的普愿禅师正好躺在榻上休息。

普愿问：你的旁边是什么？

赵州说：佛像。

普愿问：现在还看得见佛像吗？

赵州说：看不见佛像，只见卧如来。

南泉普愿就坐起来了。

他问：你这沙弥，有师父吗？

赵州说：有。

普愿问：师父是谁？

赵州说：数九寒冬，恭请大和尚保重身体。

普愿立马收他为徒，后来又立他为嗣。

如此会说话，再教学生当然不打也不骂。但是跟这位赵州和尚学佛，却一点都不容易。因为他对所有问题的回答，不是胡说八道就是文不对题。

不妨来看几段问答：

什么是上古佛心？

三个婆子排班拜。

什么是不变之义？

一个野雀儿从东飞过西。

达摩祖师为什么要来中国？

庭前柏树子。

柏树子也有佛性吗？

有。

什么时候成佛？

虚空落地时。

虚空什么时候落地？

柏树子成佛时。

当然是回答了。

答案就是:

禅不可说。

不可说,怎么学?

该干什么,就干什么。

不妨再讲一个故事。

某天，庙里来了个新学员。那人初入禅门一头雾水，完全找不着北，便请赵州指点迷津。

赵州问道：

那人就觉悟了。

当然，也有不明白的。

那是赵州观音院的开学典礼，慕名而来的僧徒非常之多。监寺的院主不敢怠慢，便请赵州和尚去

看看那些新人，给他们上开学第一课。

新学员齐刷刷地站成了一排，八十高龄的赵州和尚慈眉善眼，和蔼可亲地依次询问：同学，你以前到过我们寺院吗？

第一位新生双手合十答道：弟子来过。

赵州说：好好好，吃茶去。

又问另一个。

回答是：没来过。

赵州又说：好好好，吃茶去。

如此这般询问一遍，开学典礼就宣布结束。

院主目瞪口呆，完全看不懂。

他问：大和尚，前面那个是来过的，你让他吃茶去。后面这个没来过，怎么也让他吃茶去？

赵州大声说：院主！

院主答：在！

赵州说：吃茶去！

啊！莫非学佛参禅就是吃茶？

正是。因为六祖惠能说得非常明确：

佛法在世间，不离世间觉。

离世觅菩提，恰如求兔角。

——《六祖坛经·般若品》

禅，当然就是喝茶，也就是吃饭、洗碗、打扫卫生、挑水砍柴，等等。

准确地说，就是生活。

这跟普通人有什么区别？

这个问题，别人也在问。

比如某律师。

律师就是熟悉经书戒律的僧人。按照佛家分类法，参禅的是禅师，讲律的是律师。道不同，原本不相为谋。然而那位菜鸟律师，却偏要来刁难百丈怀海和南泉普愿的同门师兄弟大珠慧海。

律师问：你们禅师，也用功吗？

慧海说：当然。

那律师又问：怎样用功？

慧海说：饿了就吃，困了就睡。

律师说：这跟闲杂人等有什么不同？

慧海说：他们吃饭时不好好吃，百种思索；睡觉时不好好睡，千般计较。

谁让他变成了野狐狸

百丈怀海的课堂上，来了个旁听生。

旁听生是位老人，平时总是随着僧徒信众们来听课。但是有一天，听众都走了，他不走。

怀海诧异，便说：请问你是什么人？

老人说：我不是人。

奇怪！不是人，那是什么？

老人说：我是野狐狸，也是老和尚。不过我这和尚是很早很早以前的，也在这山上做住持。当时有学生问了个问题，我没答对，结果堕入轮回变成了野狐狸。恳请大和尚发大慈悲放大光明，告诉我到底该怎样回答，才能重新做人。

怀海说：什么问题？

老人说：大修行的人还会落入因果报应吗？

怀海说：你怎么回答？

老人说：不落因果。

怀海说：好！你再问一遍。

老人说：大修行的人还会落入因果报应吗？

话音刚落，怀海就应声答道：不昧因果。

老人大悟，躬身答谢说：我已脱胎换骨。

这是一个非常有名的故事，叫**野狐禅**。

啥是野狐禅？

就是不入流。

后来，这个词也用来表示一知半解、似是而非甚至邪门歪道，或者二百五、三脚猫。

那么，老和尚错在哪里呢？

执。

没错，佛家修行，原本就是要脱离因果报应和六道轮回。因此照道理说，有大修行的人也就不会落入因果。但，正如涅槃不是死亡，而是超越了生死；脱离苦海也不是告别轮回，而是超越轮回。既然超越，就不必再讲。不落因果，反倒落入了因果之中。这是并未开悟却妄称开悟，是野狐禅。

相反，只有不昧因果，也就是不被因果报应所迷惑、蒙蔽、束缚，才真正是悟。这就是老和尚变成了野狐狸，百丈怀海却能救他出来的原因。

一字之差，竟有天壤之别。

觉悟和破执，岂非很重要？

可惜这件事，说起来容易，做起来难。它需要悟性，需要慧根，更需要彻底否定的精神，否则就是南辕北辙，鸡同鸭讲，事与愿违。

比如兴善惟宽。

唐代名僧兴善惟宽是百丈怀海和南泉普愿的师弟，也是马祖道一的法嗣。由于德高望重，因此被宪宗皇帝请到京师弘扬佛法。当时白居易在朝中担任要职，便向兴善惟宽提出质疑。

白居易说：你是禅师，怎么说法？

兴善惟宽说：菩提智慧加之于身就叫律，言之于口就叫法，行之于心就叫禅。应用有不同，根本却一致，为什么要妄生区别？

哈，白居易也差点变成野狐狸。

更精彩的，是另一段对话。

有一次，一位僧人向兴善惟宽请教。

那人说：

这才真是精彩之极。

其实那人开始就错。什么叫道在哪里？当然在觉悟者那里。觉悟是每个人自己的事。你不觉悟它就远在天边，大彻大悟它就近在眼前。

怎么看不见，也很可笑。道，也是可以用眼睛去看的吗？一定要看得见，仍然是执著于我，兴善惟宽也只好告诉他，心中有我就看不见。如果还要你呀我的，就更看不见。得道，必须破我执。

可惜这人死不开窍，又认为没有我也没有你就看得见。兴善惟宽又只好告诉他，执著于我，执著于无我，都是执。破我执是破执，不是破我。如果自己都没了，要觉悟干什么呢？

说到底，还是他想不通。

想不通是因为执，也因为我。再说一遍，觉悟是每个人自己的事，觉悟的障碍就在自己。其实不仅觉悟，很多事情都是自己跟自己过不去。自己是最难了解和认识的，也是最难战胜的。

这就叫：

你的敌人就是你。

老和尚变成野狐狸，也是因为他自己。

因此，必须学会自我否定。

毫无疑问，人不能没有自我。相反，人最宝贵的是自我意识。所以，否定是为了肯定。但是没有否定，就不会有肯定。只有经过否定的肯定，才是真正的肯定。这也是禅宗告诉我们的。

不妨再看兴善惟宽。

有人问：

狗也有佛性吗？

有。

和尚你有吗？

我没有。

众生皆有佛性，为什么你没有？

我不是众生。

不是众生，莫非是佛？

我不是佛。

不是众生不是佛，那是什么东西？

也不是东西。

133

这就是自我否定，更是破执。因为"也不是东西"的意思，是不要给自己贴标签，非得认准了是佛还是众生，或者什么东西。我就是我，干吗一定要有别人认可的身份或者说法呢？

　　当然，不一定要，不是一定不要。

　　一定不要，同样是执。

　　准确的说法，是不介意，无所谓，不在乎。

成佛的故事

/ 无所求才有所得

找呀找呀找朋友，
知心朋友哪里有？
风里雨里谁伸手？
水里火里跟谁走？

找呀找呀找朋友，
你的朋友处处有。
清风朗月在招手，
花儿开到家门口。

南无南无阿弥陀！
南无南无无量寿！
南无南无观世音！
南无南无大宇宙！

初恋女友还记得吗

　　法演禅师驻锡双峰山的时候，有位大宋提刑官到了山上。提刑官是四川人，由于任职期满，要回四川去。离职前，他很想利用最后的机会请教修行悟道的法门。毕竟，法演是有名的得道高僧，双峰山则是当年五祖弘忍举扬禅风的道场。

佛堂内一片安宁。

法演禅师和蔼可亲。他笑眯眯地说：提刑大人年纪轻轻，多少总读过点情诗吧？有两句诗非常之贴切：频呼小玉原无事，只要檀郎认得声。

官员听罢，唯唯诺诺而去。

这时，站在旁边的是克勤禅师。

克勤也是宋代名僧。他书写的"茶禅一味"真迹被日本茶道的鼻祖荣西法师带回国后，作为镇寺之宝珍藏在奈良大德寺。不过那时的克勤，还只是法演的学生和侍者，而且还没有得到印证。于是他问老师：师父的话，这位大人明白了吗？

法演说：他只认得声音。

表面上看，这并不错，因为这首诗的本来意思就是这样。我们知道，由于西晋美男子潘岳的小名叫檀奴，女孩子便把心仪的帅哥叫作檀郎。帅哥哥到家里做客，千金小姐不便出面相见，就频繁地呼叫丫环小玉。其实她什么事都没有，只不过是想让情郎能够记住自己的声音。

因此克勤问：老师刚才不是说"只要檀郎认得声"吗？既然他认得声音，怎么就不对？

法演猛喝：祖师西来意就是庭前柏树子吗？

当然不是。赵州和尚用庭前柏树子来回答菩提达摩为什么要到中国的问题，就是要说明实相无相的道理，也是告诉我们不要执著于表面现象。祖师西来意当然并不就是庭前柏树子，就连庭前柏树子也并不就是柏树子。言外之意，画外之音，境外之境才是重要的。只是认得声音，怎么可以呢？

　　克勤恍然大悟。

　　于是答道：

　　　　少年一段风流事，只许佳人独自知。

　　　　　　　　　　　　——《五灯会元》卷十九

　　法演说：恭喜！

两个和尚大谈情诗，看起来奇葩，却其实寓意深刻。告诉我们的道理是：**重要的是觉悟，觉悟的途径则无所谓**。吃饭可以，喝茶可以，谈恋爱当然也可以，因为频呼小玉原无事。甚至就连"只要檀郎认得声"也不重要，重要的是认得心。

认得心，就是认得佛。但，这是你跟佛之间的事。只有你和佛知道，也只需要你和佛知道。正如少年时代的风流韵事，只许她知道。

呵呵，初恋女友，你还记得吗？

不过这同样没关系，因为需要认得的是你自己的心。少年一段风流事，如果自己都不记得，就算初恋女友念念不忘，又有什么意义呢？

重提旧话原无事，只要檀郎认得心。

而且，是认得自己的心。

是啊，如果我都没了，谁看呢？

这让人想起一个民间故事。故事说，有个差役押解犯罪的和尚到外地服刑，每天上路之前他都要清点人数：包袱、雨伞、和尚、我。和尚掌握了这个规律，便在某天晚上将差役灌醉，剃掉他的头发又互换了衣服，然后逃之夭夭。第二天早上，差役照例清点人数：包袱在，雨伞在。看看镜子，和尚也在。然后目瞪口呆地说：我呢？

哈哈，我没了。

故事很夸张，我当然也不会没了。可惜，正如自我最难认识和了解，自我也最容易被忘记。人们总是问"道在哪里"，却很少问"我在哪里"；总是问"道是什么"，却很少问"我是谁"。

这就需要当头棒喝。

所以，黄檗希运为宰相裴休开悟时，就只是大喊一声：裴休！同样，兴善惟宽的师兄麻谷宝彻为寿州良遂开悟时，也只问了一句：你是谁?

结果是什么呢?

裴休和良遂都觉悟了。

所以，禅宗的意义，就是帮我们找回自己。

认识自己，就是直指人心。

通往心灵之路，就是通往自由之路。

心灵之路 自由之路

一起喝杯茶

宋代名僧克勤禅师写下"茶禅一味"四个字那会儿，喝茶已经成为一件极为讲究的事情。日本人的茶道就是受两宋文明之影响而创立的。这当然与禅宗关系密切。可以说，茶禅本是同根生。

那就一起来喝杯茶。

我们知道，中国是茶树的原产地，茶汤的功能也早为我国的植物学家和医药学家所发现，那就是醒酒、明目和提神。所以，长期以来，茶汤是作药用的，饮用是在东汉时期佛教传入中土之后。大行其道者，是禅院、禅师和参禅的人。

也许，这是因为茶能让人头脑清醒吧！

头脑清醒，才能静虑。

难怪赵州和尚会说"吃茶去"。

实际上唐代的茶也确实是吃的，因为煎茶的时候还要放米、奶、盐、姜、葱和香料，相当于现在的麦片粥。佛家忌五荤，可能不放葱，但茶汤应该还是稠乎乎的，类似于可可。像今天这样用开水冲泡散条形茶叶，是明代以后的事情。

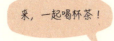

来，一起喝杯茶！

宋代喝茶，又是另一番风味。

那时上流社会的饮茶极其讲究，一般先要用纸将茶饼包好捶碎，再用碾子磨成细末，然后用茶罗去筛。筛出来的茶末放进茶盏，加沸水少许便调成茶膏。茶膏调匀，再用沸水冲成茶汤。这时，要用茶筅（读如显）轻轻敲击，直到产生泡沫。泡沫叫汤花，也叫云脚，要求鲜亮雪白，达到"汤发云腴酽白，盏浮花乳轻圆"的效果。

于是，茶香飘逸，汤花轻溅，水雾朦胧。

请问这是什么境界？

禅境。

事实上，宋代的茶和禅是同一种味道，那就是清新淡雅。这甚至同时也是宋诗的味道。与唐诗的浓烈如酒不同，宋诗总是有着淡淡的茶香。

比如：

衣上征尘杂酒痕，远游无处不消魂。

此身合是诗人未，细雨骑驴入剑门。

——陆游《剑门道中遇微雨》

昼出耘田夜绩麻，村庄儿女各当家。

童孙未解供耕织，也傍桑阴学种瓜。

——范成大《夏日田园杂兴》其八

这实在是再寻常不过的场景。鸡鸣狗吠里，男
耕女织时，稚气未脱的农家孩子在桑树下做着种瓜
种豆的游戏。羊肠小道上，斜风细雨中，行吟诗人
骑着毛驴缓缓而行。没有排场，也没有冒险。一切
都那么平淡，又那么自然，还那么入诗入画。

如此味道，当然是茶。

在某种意义上，也是禅。

的确，所谓禅心，就是随所住处恒安乐；所谓禅意，则是一丘一壑也风流。

事实上，自从百丈怀海进行了宗教改革，禅院的僧侣都要参加劳动自食其力，参禅与农耕就难解难分。再加上赵州和尚的吃茶洗碗悟道法，修行学佛更是越来越与社会生活融为一体，甚至就是生活本身，哪怕大多数人并不能悟得般若智慧，哪怕农作不过做做样子。

这是一种人间佛法。

人间佛法是符合中华传统的，因为先秦诸子的思想就是人间哲学，儒家伦理则更是如此，只不过禅宗披上了一件袈裟。脱掉那袈裟，同样也是春花秋月，同样也是家长里短，同样也是人间烟火。

不信，请看南宋禅师慧开的偈子：

春有百花秋有月，夏有凉风冬有雪。

若无闲事挂心头，便是人间好时节。

——慧开《无门关》

我们在《论语故事》和《庄子故事》里讲过，孔子最喜欢的，就是在暮春三月跟朋友和孩子们一起踏青，在河里洗过澡吹干了头发，然后唱着歌儿回家去。庄子最惬意的，则是在旷野之中的大树下睡大觉，转圈圈。慧开跟他们，有什么不同呢？

　　也就是手上多了杯茶。

　　成佛，不过如此。

以茶代酒，敬你一杯！

迎面吹来凉爽的风

　　也许，还该说说船子和石头。

　　石头就是希迁。六祖惠能在曹溪宝林寺（今广东韶关南华寺）弘法的时候，他是沙弥，未能成为惠能的传人。所以惠能圆寂后，他便去见已是惠能法嗣之一的青原行思，重新拜师。

行思问：

你从哪里来？

曹溪。

带来什么心得？

未到曹溪之前，不曾失去什么。

既然如此，为什么还要去曹溪？

不到曹溪，怎知不失？

……

过了几天，行思又问：

你从哪里来？

曹溪。

曹溪有拂尘么？

不要说曹溪，西天也没有。

难道你到过西天？

如果到了那就有。

行思还是不认他。

又过了几天，行思说：

有人说岭南有消息。

有人不说岭南有消息。

那么，佛法从哪里来？

都从这里去。

青原行思听了点头，便传法给他。

希迁得到印证以后，去了南岳衡山。他在山中一块石头上结庵为寺，所以人称石头希迁。

有趣的是，这个和尚上课也像扔石头。

比如他的学生道悟问：

曹溪的意旨谁得到了？

会佛法的人。

老师得到了吗？

没有。

为什么没有？

因为我不会佛法。

又一次，有人问：

何是祖师西来意？

你去问柱子顶端的龙。

学生不会。

我更不会。

不过，石头希迁的学生真是人才辈出，比如烧木头佛像的丹霞天然，还有刚才提问的道悟。道悟就是龙潭崇信的师父，动不动就三十棒的德山宣鉴则是道悟的法孙。行思传希迁，希迁传道悟，道悟传崇信，崇信传宣鉴，就像怀让传道一，道一传怀海，怀海传希运，希运传义玄，是两支嫡系。

再就是船子德诚了。

德诚也是希迁的法孙。希迁结庵石头，叫石头和尚；德诚住在船上，叫船子和尚。这看起来有点"仁者乐山，智者乐水"的意思，其实不然。希迁的石头是宅基地，德诚的船却是谋生手段，他是靠摆渡载客过日子的。船钱大约是随喜，客人更是有一搭没一搭，所以有时还要打渔。

这就更不靠谱。半条鱼都没钓着的事，恐怕也时常发生，然而船子和尚却是满心欢喜。

且看他的偈：

千尺丝纶直下垂，一波才动万波随。
夜静水寒鱼不食，满船空载月明归。
——《五灯会元》卷五

很好！一无所获，满载而归。

其实这正是禅宗的思维方式：是即不是，不是即是，**否定是比肯定更有力量的思想武器**。

比如慧轮禅师与学生的对话：

宝剑未出匣时怎么样？

不在外面。

出匣以后怎么样？

不在里面。

这是典型的禅机。

奥秘何在呢？在里面和在外面，是肯定；不在外面和不在里面，是否定。否定才能破执，包括执著于破执。唯其如此，希迁才要说：我更不会。

不会，就是会。

没有，就是有。

一无所获，就是满载而归。

结论是：

无所求，才有所得。

那么，船子和尚得到了什么？

佛心、禅意，还有诗和美。

实际上，由于禅宗的主张，是不著佛求，不著法求，不著僧求，就只能面向生活实践，尤其是面向大自然。因为自然界最不刻意，最无烦恼，因此最有佛性，也最接近无上正等正觉，正所谓：

> 青青翠竹，总是法身；
> 郁郁黄花，无非般若。
>
> ——《大珠禅师语录》卷下

前面说过，法身就是佛的真相，般若则是最高智慧。这在一般人看来，是遥不可及，甚至是琢磨不透的。然而禅宗却说，你想看见法身吗？春风里那青青翠竹就是。你想把握佛性吗？阳光下那郁郁黄花就是。般若智慧并不神秘，它就在你身边。

青青翠竹总是法身
郁郁黄花无非般若

而且，它就是美。

不妨来看一则开悟偈：

> 尽日寻春不见春，芒鞋踏遍陇头云。
> 归来笑拈梅花嗅，春在枝头已十分。
>
> ——宋代罗大经《鹤林玉露》

偈子是一位不知法号的尼姑所作，字面的意思也不难理解：为了寻找春天的足迹，不惜走遍千山看尽万水。等我们疲惫不堪回到家里时，却发现它就在自家院里那满树梅花的枝头。

这可真叫回头是岸。

那就让我们把窗户打开，吹一吹凉爽的风。

END

免费收看视频

《易中天亲口讲述禅宗故事》

扫码关注 易中天官方公众号

回复 禅宗

团购请回复 11

禅宗故事

产品经理	朱　孟	责任编辑	陈　蕾
装帧设计	何月婷	媒介推广	付圣强
后期制作	白咏明	出版统筹	吴　畏
责任印制	梁拥军	策划人	路金波

图书在版编目（ＣＩＰ）数据

禅宗故事 / 易中天著；慕容引刀绘 . — 上海：上海文艺出版社，2017
（易中天中华经典故事）
ISBN 978-7-5321-6461-5

Ⅰ . ①禅… Ⅱ . ①易… ②慕… Ⅲ . ①禅宗—通俗读物
Ⅳ . ① B946.5-49

中国版本图书馆 CIP 数据核字（2017）第 221242 号

出 品 人：陈　征
　　　　　路金波
责 任 编 辑：陈　蕾
特 约 编 辑：朱　孟
装 帧 设 计：何月婷

书　　　名：禅宗故事
作　　　者：易中天　慕容引刀
出　　　版：上海世纪出版集团　上海文艺出版社
地　　　址：上海市绍兴路 7 号　200020
发　　　行：杭州果麦文化传媒有限公司
印　　　刷：北京尚唐印刷包装有限公司
开　　　本：880mm×1230mm　1/32
印　　　张：5.5
插　　　页：1
字　　　数：81 千字
印　　　次：2017 年 11 月第 1 版　2017 年 11 月第 1 次印刷
印　　　数：1-75,000
Ｉ Ｓ Ｂ Ｎ：978-7-5321-6461-5 / G・0182
定　　　价：29.00 元

如发现印装质量问题，影响阅读，请联系021-64386496调换。